AF219905

Andreas Kleingrothe

Merkwürdiges aus Drucksvermögen

Andreas Kleingrothe

Merkwürdiges aus
Drucksvermögen

Impressum

Bibliografische Information der Deutschen Nationalbibliothek:
Die Deutsche Nationalbibliothek verzeichnet diese Publikation in der
Deutschen Nationalbibliografie; detaillierte bibliografische Daten sind
im Internet über http://dnb.dnb.de abrufbar.

© 2021 Andreas Kleingrothe

Herstellung und Verlag: BoD – Books on Demand, Norderstedt

ISBN: 9783755715405

Merkwürdiges aus Drucksvermögen

Typisch für dies Werk, würd' ich
Sagen, ist ganz schlicht:
Was es druckst, ist merkwürdig,
Drum vergiss es nicht.

Danach, dass sich Lesespäße
Niemals flugs verzögen,
Trachtet jedes sinngemäße
Wort aus Drucksvermögen.

Antrieb des Schreibenden

Ich
Stifte
Unruhe

Bitte (verlegen)

Du Publizist im höh'ren Dienst, Verlagswesen!

Wann darf ich eine Mail bezüglich eines Buchvertrags lesen?

Versetz mich in die Lage!

Verlege meine Sätze!

Gib schon heraus, was meines ist, sofort!

Ich gab dir nichts Gering'res als mein Wort.

Tirili

Im Kopf ist Melodie und
Der Text geht tirili und
Ich pfeif drauf.

Ich treff die Töne nie und
Bin doch voll Harmonie und
Ich pfeif drauf.

Und vor mir zieht als Halbrund
Im Strahlensprühen knallbunt
Ein Streif auf.

Dass ich nicht träum, erkenn ich!
Aus Träumen wach ich, wenn ich
Mich kneif, auf.

Das Leben spielt heut Glück und
Ich lausche ihm ein Stück und
Bin live drauf.

Schirme

Ein Sonnenschirm hält Sonne ab,
Ein Regenschirm den Regen.
Ein jeder Bildschirm, den ich hab,
Verfehlt den Zweck hingegen.

Kopfbahnhof

Gedanken fahren in mein Hirn, wie Züge,
Doch bringen mich nicht weiter. Bloß, warum?
Sie fahren ein und kehren wieder um,
Als ob ich einen Kopfbahnhof drin trüge.

Ich sehe dich bald

Ich freu mich auf dich, dass ich Grinsehaut hab.
Die Sonne strahlt auch. Ich spazierhol dich ab.
Ich fühl mich...ich weiß nicht, ich fühle mich halt.
Ich freu mich auf dich und ich sehe dich bald.

Du läsest lieber Froheres von mir

Du läsest lieber Froheres von mir,
Dass selt'ner ich „Der Untergang ist nah" sag.
Das meiste schreibt sich selber aufs Papier,
Es hilft nicht, wenn den Stiften ich „Hurra" sag.

Es ist – auch wenn ich's selber kaum kapier –
Nicht so, dass ich 'nen Knopf drück und drauflosschreib.
Bleib hier, weil ich, bist du ganz nah bei mir,
Das Glück nicht aus dem Kopf krieg und was Froh's schreib.

Ich hab uns für nachmittags Kuchen gebacken

Ich hab uns für nachmittags Kuchen gebacken
Aus dem, was ich fand in den Schränken.
Kann sein, dass die Ränder ein klein wenig knacken,
Wir könnten in Kaffee sie tränken.
Du weißt ja, Rezepte und ich. Und die Waage,
Sie blinkt nur, sie braucht Batterien.
Ich bin grob zu schätzen zum Glück in der Lage
Und find, er ist durchaus gediehen.

Ich hab uns für nachmittags Kuchen gebacken
Und konnte vom Teig ja schon naschen.
Auch jetzt, da er anfing, zusammenzusacken,
Wird er dich bestimmt überraschen.
Du weißt ja, wir hatten nicht vieles im Haus
Und das, was wir hatten, war wenig.
Ich glich dies und das drum mit Kopfrechnen aus,
So ganz genau muss das ja eh nich'.

Ich hab uns für nachmittags Kuchen gebacken,
Ich hab ihn uns improvisiert
Und eben vom Rand einen unschönen Zacken
Entfernt und ihn schon mal probiert.
Du weißt ja, ich hab an das Lächeln gedacht,
Das du mir beim Reinkommen schenkst.
Ich hab sicher nicht alles richtig gemacht,
Doch das weißt du sowieso längst.

Ich will mal einen Menschenaffen retten

Ich will mal einen Menschenaffen retten,
Der dann bei mir bleibt, wie ein eignes Kind.
Ich weiß, dass sie viel mehr noch davon hätten,
Wär'n einfach sie in Frieden, wo sie sind.

Die Rettung wär', dass Palmöl ich vermeide
Und Geld versende an den WWF.
Doch mehr reizt der Gedanke, dass wir beide
Durchs Dorf spazier'n und ich dann Leute treff.

Die könnten dann erst staunen und dann spenden,
Sie wüssten um der Menschenaffen Wert.
Wir würden seufzend nicken und dann wenden
Und fernseh'n. Ach, das wäre nicht verkehrt.

Dunkle Ahnung

Ich glaub, es kommt kein Morgengrauen,
Stattdessen ahn ich finstre Macht
Entsetzliches zusammenbrauen
Und alle Tage bleiben Nacht.

Ich glaub, die Welt geht hier zu Ende,
An ihren Platz tritt tiefstes Schwarz.
Das Leben fällt in böse Hände
Und kein barmherz'ger Gott bewahrt's.

Was hell erglüht, muss Hölle sein,
Die ins Gewölk ein Loch bricht.
Der Tag ist tot, der Tod ist mein,
Wir werden alle… Doch nicht.

In den Wohnungen von Erwachsenen

Für mich war immer klar,
In den Wohnungen von erwachsenen Leuten
Liegen Zeitschriften.
Jetzt, wo ich selbst erwachsen bin
Und Zeitschriften in der Wohnung liegen,
Verstehe ich erst:
Man liest sie gar nicht.

Übrigens, ein Fisch

Übrigens, ein Fisch hat an den Seiten
Seines Körpers hochsensible Zellen,
Die ihn durch der Meere Weltall leiten,
Ahnen lassen allerkleinste Wellen.

Sinn, der so subtil und sanft empfindet,
Winzigstes von Weitem unterscheidet!
Unsinn, wenn beim Fisch man noch befindet,
Dass er keinen Schmerz spürt und nicht leidet.

Was kann ich dir noch zeigen

Da war er schon, dein Blick zur Uhr,
Ich kenne ich schon längst.
Du hast noch nichts geäußert, nur
Ich weiß ja, was du denkst.

Ich will dir noch was zeigen, hier,
Ein Bild, ein Buch, ein Lied,
Am besten zeig ich's drüben dir,
Wo man die Uhr nicht sieht.

Du wirst schon etwas wortkarg jetzt,
Das merk ich allerdings.
Ich hab mich aber hingesetzt
Und rutsch für dich nach links.

Du setzt dich, aber sagst „Ich denk,
Für mich wird's langsam Zeit."
Du tippst aufs nackte Handgelenk
Und jetzt beginnt der Fight.

Ich zeig ein Foto, „Weißt du noch?",
Und geb ein Stichwort mir.
Dann sag ich, dass ich gern was koch,
Und sonst bestellen wir.

Ach, würden wir doch eingeschneit,
Dann bliebest du ja hier.
Doch keine Flocke weit und breit.
Ich sag, da ist noch Bier.

Ich öffne uns zwei Flaschen, doch
Du passt, es tut dir leid.
Ich will nur eins dir zeigen noch:
Schau: meine Einsamkeit.

Mittel gegen Lügner

Lügen, die uns jemand aufgetischt hat,
Können leicht uns täuschen, doch ich hab 'nen
Tipp, der Schwindel oft schon kalt erwischt hat
Und uns hilft, dagegen sich zu wappnen:

Bücher, Bücher, Bücher – lies die alle!
Blätternd kannst du Bildung hier erwerben.
Lies die, stell dem Lügner eine Falle.
„Lies die" ist auch Englisch. Lügen sterben.

Tür- und Angelgespräch

„Tag! Was ist denn hinter dieser Tür?"
„Angeln." „Ach so, danke." „Da nich' für."

Der Moment, wo ich dich sah

Der Moment, wo ich dich sah… –
„Als!", hör ich es grollen, „temporal!",
Ich jedoch empfinde das nicht so.
Zeit ist immer irgendwie auch Raum.
Wenn ich an Erlebtes mich erinnere,
Bin ich wieder am erlebten Ort.
Der Moment verschmilzt mit seiner Bühne,
Ist Ereignis und zugleich Umgebung.
Wenn etwas *passiert*, muss das bedeuten,
Dass es einen Raum dabei durchquert,
Nicht nur mir passiert, sondern auch mich.
Drum ist der Moment, wo ich dich sah,
Raum, nicht Punkt, Erleben in Kubik.

Ich sehe was, was du nicht siehst

Ich sehe was, was du nicht siehst,
Und das ist ziemlich schade.
Weil du nicht hier bist, das nur liest,
Vermisse ich dich gerade.

Ich sehe was, was du nicht siehst,
Und das ist furchtbar öde.
Und wärst du hier – sei lieb gegrüßt –,
Wir fänden's beide blöde.

Ich sehe was, was du nicht siehst,
Und das ist eine Träne,
Die über meine Wange fließt,
Weil ich mich nach dir sehne.

Herr Nickel

Herr Nickel war ein aufschlussreicher Bankaufmann
Und hier wohl gar die wichtigste Person.
Am Morgen schloss er immer früh die Bank auf, dann
Betraten sie die Bankkaufmänner schon.

Bastian

Oh Bastian, Romanheld meiner Kindheit,
Bewahrer kindlichen Gedankenschmucks!
Das Namensspiel seh ich erst jetzt – oh, Blindheit!
Des Bücherwurmes Nachname ist Bux.

Die Weinbergschnecke

Die Weinbergschnecke lebt an unsrer Hauswand
Und irgendwie bewegt sie sich hier kaum.
Ihr Kopf, der ab und zu ein Stück herausstand,
Bleibt doch die meiste Zeit im Innenraum.

Die Weinbergschnecke klebt an unsrer Hauswand
Und nichts und niemand stört sie wohl dabei.
Das Nebenhaus, die Nachbarstadt, das Ausland
Sind ihr anscheinend völlig einerlei.

Die Weinbergschnecke strebt an unsrer Hauswand
Im Schneckentempo unmerklich empor.
Kein Weinberg hier – Ob sie das je herausfand?
Wenn ja, dann nimmt sie's sicher mit Humor.

Misophonie

Kräftig
Saftig krachend
Triefend Apfelfleisch
Kernobst-Frischfrucht
Schnauze kaut, zerschmatzt
Knackend, schlürfend
Kropf verschluckt
Kitsche, Krobs
Grötze, Krutz
Und Strunk

Nicht für die Feinen

Ich will niemandem zu nahe treten, aber
Mein Herz schlägt für die Einfachen
Nicht für die Feinen.
Aus nächster Nähe trete ich
Statt diesen auf die Füße
Lieber jenen auf den Schlips.

Mach's gut

„Mach's gut", hör zum Schluss ich
Und denke mir: „Muss ich?"
Man grüßt sich bloß lieb,
Zack! Leistungsprinzip.

Meine Seifenoper schauend

Neulich saß ich Kekse kauend
Meine Seifenoper schauend
Auf dem Sofa und ich rief: Als ob!

Ständig habt ihr Freizeit satt zum
Kaffeetrinken in der Stadt, drum
Sagt mal, habt ihr alle keinen Job?

Immer, wenn ich einschalt, treffen
Zufällig Madeleine und Steffen
Oder Klaus und Dieter sich – zum Reden;

Faule Clowns, ihr sprecht von Arbeit
Nur, dass ihr fast nie auch da seid,
Denn ein jeder trifft ja ständig jeden!

Klaus blickt auf (in der Hotelbar),
Bricht die vierte Wand: „Und selber?
Sitzt vorm Bildschirmglas und wirfst mit Steinen?

Immer wenn ich etwas tue,
Hockst du da in aller Ruhe.
Dass auch du viel Zeit hast, will ich meinen."

Verliebtsein und Liebe

Erst steh ich auf dich und ich will was von dir.
Dann setz auf dich und ich gebe dir alles.
Verliebtsein und Liebe – zwei Phasen, ein Wir.
Am schönsten ist beides, im Falle des Falles.

Kalt erwischt

Der Dieb schwand Richtung Wald hinfort,
Doch kam nur bis zum See, denn dort
War unterm Schnee die Eisschicht fein –
Hier brach er gleich noch einmal ein.

Alpines Klima

Die Kiefern lassen die Köpfe hängen
Weil's lange nicht pisste.
Die Skifahrer lassen die Hänge köpfen,
Weil die Piste nicht langte.

Ohne Können

Die Sache mit der flachen Welt
Die ließ sich revidieren,
Ein Weltall und kein Himmelszelt
Und wir sind's, die rotieren.
Das weiß man, doch meist fehlt der Plan,
Was fang ich mit dem Wissen an?
Ob platt sie, eckig oder rund ist –
Es juckt uns nicht, ob sie gesund ist.

Es ist – als Lehre des Gedichts –
Das Wissen ohne Können nichts.

Ein entzückender Beruf

Alpenbraunelle!
Was für ein entzückender Beruf wäre es,
Gelbbrauenlaubsänger!
Vogelarten zu taufen!
Orpheusspötter!
Nichts ist so poetisch
Rotkopfwürger!
Und zugleich wahr
Sandregenpfeifer!
Wie die Namen von Vögeln.
Trottellumme!
Ins graue Lexikon hinein
Wintergoldhähnchen!
Schöpfte ich die buntesten Namen, wie
Sommermorgenbaumtänzer!
Was für ein entzückender Beruf wäre das!

Kein Wunder

„Morgen soll es wieder einmal regnen",
Seufzt man und man ahnt nicht, was das macht.
Wie soll Petrus solchem denn begegnen,
Das, so scheint's, als Wunsch ihm vorgebracht?

Mit den Liebsten

Mit den Liebsten hat das Leben
Uns auch dieses mitgegeben:
Wie wir zueinanderstreben,
Zeigt speziell die Trennung eben.

Ich hab ja einen Steputat

Ich hab ja einen Steputat,
Ein Reimewörterbuch,
Das alphabetisch akkurat
Beim Reim hilft, wenn ich such.

Zum Beispiel steht bei Endung „-icht"
„Gedicht", und alphabetisch
Folgt gleich darauf „geehelicht",
Vers, Liebe – so poetisch!

2015 darf sich nicht wiederholen

„2015 darf sich nicht wiederholen",
Wie von den Spitzenpolitikern der Nation
Widerlich wahlwerbend gewarnt wird.
Und der braune Mist hat sein Thema zurück.
2015 dürfte sich wiederholen.

Faulheit muss man sich leisten können

Manchmal will man sich in einem Spa einnisten
(So, als ob sich faule Sau und Sparschwein küssten)
Und dort fröhlich, fett und feist sein Dasein fristen.

Menschen, die so leben können, müssten rar sein,
Denn für das entspannte Hedonistendasein
Dürfen im Büro ja keine Fristen da sein.

Wirkt gut

„Die Schmerzen war'n wie weg, sofort",
Wirbt stolz die Pharmazie.
Ich stör mich da an einem Wort:
Was heißt denn bitte „wie"?

Um nur drei zu nennen

Eine meiner großen Stärken:
Zahlen kann ich mir gut merken.
Zum Beweis schnell diese hier:
Siebzehn, hundertzwölf und vier.

Lärm

Es gibt die einen, die machen
Viel Lärm um Nichts.
Und es gibt die andern, die machen
Um Vieles keinen Lärm.
Wie wäre es, wir machten einfach mal
Den notwendigen Lärm um Einiges?

Das falsche Motiv

Es waren wunderschöne Stunden,
Vergnüglich, freundlich, viele Runden,
Wir haben bis zum Morgen hier gesessen.
Momente, deren Fröhlichkeit
Man speichern müsst' für alle Zeit,
Doch Fotos gibt es wieder nur vom Essen.

Damit sich was ändert

„Etwas muss sich ändern", sagt, wer Missstände beklagt.
„Etwas muss dich ändern", sagt, wer jeden Freund verjagt.
„Etwas muss mich ändern", sagt, wer's merkt und doch nicht wagt:
„Etwas muss ich ändern", ist, was uns die Einsicht sagt.

Most wanted

Was hilft dir bei verlorner Kraft?
Vergorner Saft!
Was ist's, was du als Bestes lobst?
Gepresstes Obst!
Der letzte Schrei, in Tankbehältern
Trank zu keltern!
Du brauchst nach dieser Fruchtverwandlung
Suchtbehandlung!

Platz 2

Platz 2 ist einem Sieg ganz nah,
Weshalb er wunderbar ist –
Wer Gold- und Silberfisch je sah,
Der weiß, dass das nicht wahr ist.

Und manchmal wird das Herz mir schwer

Und manchmal wird das Herz mir schwer
Beim Anblick fremder Leute,
Weil irgendetwas mich dann rührt,
Obwohl an ihnen gar nichts traurig ist –

Ein junges Paar mit einem Hund
Auf einer grünen Wiese,
Die Hände in den Taschen, sich
Spazierend, Stöcke werfend, unterhaltend –

Ein ält'rer Herr, vorbeigeradelt,
Der einfach unterwegs ist,
Der wohl wohin will oder muss,
Und der dafür sein Hollandrad benutzt –

Ein Kind auf dem Nachhauseweg
Mit großem Schultornister
Mit Reflektor'n und Dinos drauf,
Der hin und her wippt mit des Kindes Schritten –

Ich weiß nicht, was mich dann bewegt,
Ich glaub, ich möchte hoffen,
Dass jeder Mensch ganz glücklich ist,
Und wenn er's noch nicht ist, dass er's bald wird.

Dass ich immer wieder schreibe

Dass ich immer wieder schreibe,
Sieht ja im Prinzip jeder.
Dass ich nicht verschwiegen bleibe,
Liegt an meiner Triebfeder.

Hat auch das, was ich verfasse,
Sicherlich nicht jeder lieb,
Dass ich es nicht lieber lasse,
Liegt an meinem Federtrieb.

Innen zuckt's, der Stift schlägt Räder.
Schwerer Trieb drängt leichte Feder.

Verzicht rettet Leben

Der eine Mensch wird Arzt, um uns vorm Sterben zu beschützen.
Der andre lässt es lieber, um demselben Zweck zu nützen.

Immer schlecht

Ihr Leute, deren Fantasie nie ruht,
Seid immer für 'ne Überraschung gut.
Und ihr, die ihr das, was ihr denkt, gleich sprecht,
Seid für 'ne Überraschung immer schlecht.

Verbote

Würdest du,
Wenn man dich der Anschnallpflicht beraubte,
Deinen Gurt beim Fahren offen lassen?
Würdest du,
Nur weil's ein Verkehrsschild dir erlaubte,
Hundertachtzig brettern durch die Gassen?
Würd'st du nicht?

Würdest du
Ohne Druck dich selbst ein Stück beschränken,
Könnte dich und diese Welt dies schützen?
Würd'st du nicht.
Deshalb gilt's Verbote anzudenken,
Bis du merkst, sie machen Sinn und nützen.

Eieiei, was seh ich da

Oft sieht man ein Geflügelteam
Beisammen froh krakeelen
Und tiefe Freundschaft knüpfet ihm
Ein Band zwischen die Seelen.

Meist kommt ein dummer Ochs vorbei,
Der prüft die Kammeshöhe
Und plärrt hinüber: „Eieiei,
Ein Hahn im Korb, verstehe!"

Was sie nie scherte, rülpst der Ochs
Hinein in ihre Eintracht
Und kramt aus der Geschlechterbox,
Was Freundschaftsflügel kleinmacht.

Das macht den Unterschied

Weiche Urgemütlichkeiten
Mildester Wasserfluten,
Die von überm Haupt mich beglücken,
Weichen den Betrüblichkeiten
Wildester Hassminuten,
Die mich überhaupt nicht entzücken,
Sondern ohne Pause Jammer
Fördern in der Brausekammer,
Kann ich dort den Duschkopf, den lästigen,
Über mir gar nirgends befestigen.

Genie im Moment

Wir kommen oft ganz kurz Ideen,
Doch flieh'n sie rasch dahin,
Was zeigt, dass ich, genau beseh'n,
Ein Einfallsloser bin.

Nicht zu fassen

Wie den Pünktchen, die im Auge
Wir zwar registrieren,
Niemals allerdings, genauge-
Nommen, je fixieren,

Folg ich seitwärts dir mit Blicken,
Hoff', dass ich dich fasse,
Doch das wird nie besser glücken,
Als wenn ich es lasse.

Schielend schau ich nach und spüre,
Dass es ohne Zweck ist,
Weil, je mehr ich es probiere,
Du nur weiter weg bist.

Zus(p)ammen

Man funkt in Notfall „SOS",
Doch „*unsre*" Seelen stimmt nich'.
Ich sink ja ganz allein indes.
Ich schreib dir, mehrmals stündlich,
Auch mitten in der Nacht noch *SMS*.

Zaubermittel

Wie herrlich saftig grünt dein Park!
Was ist deine Erfindung?
Welch Mittel macht den Wuchs so stark?
 — Ich sag es dir: Begründung.

Urlaubsmodus

Endlich frei! Gelassen geh'n!
Frei sich gehen lassen. Schön!
Nicht mit im Gepäck: Hantel.
Faule Liegezeit.
Drüber schnell den Speckmantel
Der Verschwiegenheit.

Ein guter Plan

In letzter Zeit werd stets ich morgens vor dem Wecker wach,
So eine Viertelstunde.
Ich frag mich miesepetrig müd, warum, und suche nach
Dem ärgerlichen Grunde.
Was stört so leis? Ich find schon noch heraus, was mir
verborgen
Verkürzt die Schlafesdauer.
Ein Viertelstündchen früher stell ich den Alarm für morgen,
Und leg mich auf die Lauer.

Speisende soll man nicht aufhalten

Das Essen ist serviert nun,
Es dampft.
Drum wird, was auch passiert, nun
Gemampft!
Dein Teller ist schon hier und
Bereit
Mit meinem und mit mir und
Er schreit!
Mein Hunger hat schon Finger,
Die klopfen.
Die Mundwinkel sind Dinger,
Die tropfen.
Mein Magen hat das Lätzchen
Schon um,
Und du hältst noch ein Schwätzchen.
Warum?!

Es grollt

Es grollt in mir
Und brodelt auch
Wut macht den Magen wund –
Doch bleibt sie hier.
Da war der Bauch
Wohl größer als der Mund.

IT, der Außerirdische

Blasses, weltentrücktes Wesen,
Ich kann weder hör'n, noch lesen
Deine Zaubersprache, nicht ein Wort.
Du beherrschst ein Meer aus Knöpfen,
Kannst aus Zahlen Welten schöpfen
Und ich glaub, du selber stammst von dort.

Gerechte Sprache

Da sagte mir vor Kurzem jemand,
Der Gendern dumm und unbequem fand:
„In meiner Welt hat alles Männernamen!
Ich nenn nichts um und häng nichts dran,
Weil man es sich doch denken kann,
Friseure, Forscher, Fürsten sind auch Damen!"

Die Sprache sei in unsren Landen
In ihrem Wesen missverstanden.
Beim Wort „das Mädchen" sehe man's genau:
Zwar sei es Neutrum in der Sprache,
Doch logisch weiblich in der Sache,
Wer beides strikt zu trennen wüsst', sei schlau.

Und falsch sei, in Gestalt von Worten
Bewertungsmuster zu verorten,
Grammatik sei ja bloß System, nicht Handlung.
„Generisch" sei das Zauberwort
Und jedes Streben weg von dort
Unweigerlich grammatische Verschandlung.

Doch frag ich – was vielleicht nicht dumm ist –
Beim „Mädchen" irgendwie: Warum ist
Es in der Sprache überhaupt ein Neutrum?
Ach ja, aus „Magd" (allein und jung)
Wurd „Mäd-chen" durch Verniedlichung,

Und „-chen" erfordert „das", und zwar bis heut. Drum!

Nichts weiter ist dem Kind passiert,
Als dass sein Wort schon suggeriert,
Es sei – weil weiblich – schwach und ohne Mann.
So könnten wir ja auch gerecht sein
Und nennen junge Männer „Knechtlein" –
Ob das die Sache klarer machen kann?

Es stimmt, die Sprache ist System,
Doch liegt in ihm ja das Problem,
Wenngleich auch noch verborgen manchen Kennern:
Die goldnen Regeln, die beim „Gendern"
Wir zaghaft wagen abzuändern,
Die stammen ja seit jeher, klar, von Männern.

Beim „Mädchen" gibt's wohl kein Zurück,
Der Volksmund ist ein faules Stück
Und mag sich ungern von Geliebtem trennen.
Doch meistens gibt's die Worte längst,
Die zeigen, dass du daran denkst,
Nicht alles stets nur männlich zu benennen.

Ich schlage vor, nicht abzubrechen,
Die Art und Weise, wie wir sprechen
Und wie wir damit wirken, zu betrachten.
Die Worte, die wir nutzen, lenken
Fast alles, was wir tun und denken,
Drum kann es ja nicht schaden, drauf zu achten.

Mahnuel Neujahr

Niemand weiß, wie viele Jahre
Euch noch bleiben bis zur Bahre,
Drum seid klüger, als ihr es zuvor wart.
Macht aus diesem Jahr das Beste,
Dass ihr nicht beim nächsten Feste
Rückblickt und erkennt, dass ihr ein Tor wart.

Dumme, Laute

Ausfall'nd werden meistens Leute,
Die an Einfalt sind sehr reich.
Einfaltswinkel – nicht erst heute –
Ist dem Ausfallswinkel gleich.

Sie sind noch da

Hier war mal ein Friedhof, jetzt nur noch Büros.
Das wissen die Ältesten unter uns bloß.

Besteck? Brauch ich nicht.

Nicht immer kommt man in den Genuss
Mundgerechter Köstlichkeiten.
Da ist es günstig, man hat einen
Köstlichkeitengerechten Mund.

Vorm Unfall singen

Ich glaub, dass es vermessen ist zu hoffen,
Dass, wenn für uns der Zeitpunkt eingetroffen,
Der letzte Augenblick ein schöner wird.
Zu sterben – läuft es noch so unterschiedlich –
Geht in den meisten Fällen wohl nicht friedlich.
Es schmerzt und schreit und schlägt und schäumt und schwirrt.

Ich glaube, dass ein andrer Wunsch stattdessen
Besonders schön ist und auch angemessen:
Mein *vorletzter* Moment sei voll Genuss.
Vorm Sturz hinab ein Kuss, vorm Unfall singen,
Und vorm Ertrinken übers Sonndeck springen –
Und dann der in Vers 6 beschriebne Schluss,
Der schmerzt, weil klar ist, was man geben muss.

Verantwortung und Konsequenz

Es ist merkwürdig.
Wir fordern Verantwortung und Konsequenz
Und rufen zu diesem Zwecke: „Tritt zurück!"

Ob unsere Plakate jemals schreien:
„Lern aus den Fehlern,
Mach's wieder gut,
Mach's noch mal,
Mach's besser!
Tritt vor,
Stell dich,
Setz dich ein,
Leg dich ins Zeug!",
Und ob das dann Wirkung zeigt?

Vermutlich sind wir dafür nicht gemacht,
Vermutlich sind sie es derweil auch nicht.
Es ist merkwürdig.

Lac d'Annecy

Oktober am See bringt,
Dass erst man Rosé trinkt
Und dann chocolat chaud –
Ich liebe das so!

Wie silbern es funkelt
Und rot, wenn es dunkelt,
Dies kunstvolle Werk
Aus Wasser und Berg.

Baguette, beurre salé
Und runter zum See,
Wo Zauberschein wohnt,
Und oben der Mond

Thront überm Baron,
Die Welt singt Chanson,
Beweist uns Geschmack –
Oktober am Lac.

Bei deinem Blick schüttelt's mich

Es stimmt schon, ich belauer dich.
Du schaust nur kühl – bedauerlich.
Dein Blick droht „Faust und Hieblast",
Weil du mich nicht mehr liebhast.

Nichts Neues

Es gibt ja bei Kopfhörern Noise-Cancelling,
Damit man nichts Störendes hört.
Ich fände ja, Neues-Cancelling wär' ein Ding,
Wenn Nachrichtenflut mich zerstört.

VIPer

Vom roten Teppich locken Herr'n
Sie fort ins Dunkel, jagen gern
Mit toxisch feuchten Zähnen
Und winden sich um die Moral,
Ein Dreieckskopf, Schwanz kurz und schmal;
Man hüte sich vor denen.

Astronomisch fast unmöglich

Zu Boden fiel mein Eis, das war
Betrüblich, doch auch Wonne.
So lag es auf der Erde zwar,
Doch zeitgleich in der Sonne!

Wie man's macht

Hab vor Hunger manchmal Bauchweh,
Muss dann schnell was kriegen,
Stopf es rein – muss liegen,
Denn *nach* Hunger tut's dann auch weh.

Wann erscheint dein Buch?

Ich glaub dir ja, was ich dich sagen hörte:
Dass dich die Frage „Wann erscheint dein Buch?" beim
                                        Schreibfluss störte.
Doch glaub mir, manchem brächt's Ideen prompt,
Gefragt zu werden, wann denn endlich Neues von ihm kommt.

Ganz süß

Ganz süß ist, dass die krassen Knaben,
Die Bizeps, Bling und Bitches haben,
Und heftig Hate auf alles richten,
Zuhause Zeilen drüber dichten.

Gefühl

Gefühl ist immer wild,
Entstehende Unordnung,
Unkontrolliertes Durcheinander.
Wie reden und Gerede
Und rennen und Gerenne
Und schreiben und Geschreibe
Sind fühlen und Gefühl
Wie Luft und Orkan.

Kind in Frankreich

Ich möchte wahrlich Kind nicht sein
In Frankreich, au contraire!
Nasale übt man spielend ein,
In Worten wachsen Melodein,
Das junge Sprachhirn stellt sie einfach her

Und lernt doch in der Schule dann:
Für dieses tolle Klingen
Sind an das Wort noch hinten dran
Und drumherum und nebenan
Zig Buchstaben ergänzend anzubringen.

Raus

Tür auf, wir raus, Tür zu,
Das reicht.
DeineHandmeineHand, spürst du?
So leicht.

Jeder kann etwas ausrichten

Ich bin sicher, liefert man aus noch so vielen Quellen
Prime-Kram uns und Pizza vor die Füße:
Was die Leute immer noch am häufigsten bestellen,
Sind, als gäb's kein Morgen, schöne Grüße.

Wir sollten uns duzen

Wollen Sie und ich nicht langsam
Dieses „Sie" der Förmlichkeit begraben?
So wie unser Hass vorankam,
Welch Direktheit er schon annahm,
Sollten unsre Flüche was Persönlicheres haben.

Der schlimmste Beruf

Lieber wär' ich Mähnenstutzer in der Kalahari,
Sherpa am K2 für Gipfelstürmer,
Schleudersitz- und Airbagtestinsasse bei Ferrari,
Probefakir in der Nagelfirma,

Giftzahnmelkgehilfe bei australischen Taipanen,
Windelsaugkrafttester und auch -kritiker,
Drehortsucher für die Doku „Handel mit Organen",
Als auf dieser Erde ein Politiker.

Overview-Effekt

„Erzähl von deinem Alltag", bat man voller Aufgeregtheit
Die just aus ihrem Raumschiff ausgestieg'ne Austronautin.
Sie lächelte, ihr Blick war melancholische Bewegtheit,
Und setzte sich – sie hatte kurz zum Himmel hochgeschaut – hin.

"Auf Erden ist's bekanntlich so: Die Sonne steigt am Morgen
Herauf in unser Blickfeld (wenn die Wolken sie denn lassen).
Allmählich wird der Himmel hell und groß die eignen Sorgen,
Und träge gähnend fällt's uns schwer, die Welt nicht tief zu hassen.

Im All-Tag rollt mitunter auch die Erde morgens bläulich
In eins der Fenster (weil vor sie sich niemals Wolken schieben).
Im ew'gen Schwarz sind Alltagssorgen winziger als neulich,
Und staunend schwebend fällt's ganz leicht, die eigne Welt zu lieben."

Da war's kurz still – dann klatschten sie ob dieser schönen Predigt
Und gingen nickend ihres Wegs, als ob sie sie verstünden.
Sie blieb zurück und wusste: Der Planet ist wohl erledigt,
Wenn jeder erst in All muss, seinen Wert ganz zu ergründen.

Aktives Lesen

Wie ist das Buch? – Noch les ich doch!
Wie ist's bisher gewesen?
Noch ist es keins, es wird ja noch,
Ich muss es fertig lesen.

Empirische Studie über Alltagsregeln

Gekniet wird bei heiligen Messen,
Gegähnt nur mit Hand und dann lautlos,
Zusammen am Tisch wird gegessen
Und Nase gebohrt nur in Autos.

Kein Mobbing

„Ihr mobbt mich!", fuhr der Elefant,
Der knöcheltief in Scherben stand
Aus teurem Porzellan,

Das er in seinen Probetagen
In diesem Laden jäh zerschlagen,
Die Shopbelegschaft an

Nach des Betriebsrats Urteilsspruch:
„Hier geht zu viel von Wert zu Bruch,
Es hilft nicht Leim, nicht Kehren.

Kriegt neue Führung der Betrieb,
Dann wär es uns tatsächlich lieb,
Wenn Sie's nicht gerade wären."

Musik aus der Hölle

Es gibt Musik, da hör ich prompt,
Dass sie aus tiefster Hölle kommt:
Ich mein karitative Bandprojekte

Mit zwanzig, dreißig richtig schlimmen
Pathetisch ernsten Promi-Stimmen
Für bildgewalt'ge Afrika-Kollekte.

Weil vor des Liedes Qualität
Die Masse der Performer steht,
Kriegt jeder eine Zeile nur zu flöten

Und knödelt diese einz'ge Chance
In Schlenkern durch den Muff des Songs,
Als ging's drum, die Musik gleich mitzutöten.

Potenzialanalyse

Ich bring Dinge gut herüber,
Attestiert man mir.
Werd ich Lehrer oder lieber
Nachbarschaftskurier?

Oppholdsvaer

Vom Himmel fällt absolut nichts.
Gott Thor pflegt Kultur des Verzichts.
Kein Schnee, Hagel oder Rekordregen,
Die hier übers Land und den Fjord fegen –
Dafür gibt's ein Wörtchen in Norwegen,
Das Täufer war dieses Gedichts.

Von der seltsamen Rückbesinnung auf längst überkommene Geschlechterbilder

„Gehört sich so, dass *er* bezahlt",
Sagt glücklich nach dem Date sie.
Hat stets emanzipiert geprahlt,
Dass Gleichheit alles überstrahlt –
Beim Dating, da vergeht sie.

Zum Junggesellinnen-Event
Im Dirndl durch die Gassen.
Wie gut, dass sie hier keiner kennt,
Sie hasst den Bachelorettentrend –
Nur heut kann sie's nicht lassen.

Laut ruft sie „equal pay" vorm Landtag
Und stellt 'nen Antrag gleich.
Privat macht bitte *er* den Antrag.
„Es wär doch falsch, wenn ich den Mann frag!"
Er kniet und sie wird weich.

Die Fotos für die Traumhochzeit
Sind auch schon in der Cloud:
Sie lehnt sich an, sein Kreuz ist breit,
Er wirft sie, fängt sie, trägt sie weit,
Der Starke und die Braut.

Die Trauung dann verschleiert weiß,
Ihr Vater übergibt sie.
Normal bekämpft mit großem Fleiß
Und Nein-Wort sie den Rollenscheiß,
Beim Ja-Wort aber kippt sie.

Was wirft die heut'ge Frau denn bloß
Zurück in diese Muster?
Sie macht sich klein und schmachtet los,
Ist Hirn, doch spielt den Jungfernschoß.
Ist ihr das nicht bewusster?

Where did it all go right?

Ausgerechnet uns beiden
Ist es anscheinend passiert
– Ohne, dass wir es wirklich merkten.
Erst jetzt, da wir nichts mehr ändern können, stellen
Wir fest:

Irgendwo auf unserem gemeinsamen Weg
Sind wir richtig abgebogen,
Haben uns schleichend aneinandergelebt,
Uns immer mehr aus den Augen gewonnen.
Im Alltagstrott fiel es uns wohl schwer,
Einander nicht zu beachten.
Und jetzt leben wir nur noch
Nebeneinanderherz.

Passendes Kofferwort

In Chatgruppen kriegt mit mir Zoff, wer dort
Mit wahllos geschleuderten Clips spammt.
Ich fand nun ein passendes Kofferwort
Für die, die so stör'nd sind und gripsfremd:
Verschmolzen aus „*Nachrichten werfen*":
Whatsappgruppenvollspammer *n-erfen*.

Brummen vor dem Tore

Nachts, wenn stumm ich lieg und lausche,
Singt die Autobahn „Gut' Nacht".
Käm's mit wem vom Land zum Tausche,
Wär' ich um den Schlaf gebracht.

Brummen draußen Fahrzyklone,
Wähne ich mich, wo ich wohne,
Eingelullt durchs Monotone

In verkehrsberuhigter Zone.

Die Sache mit dem Geld

Lügen haben kurze Beine,
Aber sich erlog'ne Scheine
Machen schnell – und kurze Beine wett.

Geld kann wohl nicht glücklich machen,
Aber die gekauften Sachen,
Die es brächte, wär'n natürlich nett.

Point Nemo

Ein Raumschiff wird hier ab und zu versenkt,
Ansonsten ist tosende Ruh verhängt.
So sehr es den einsamen Rufer drängt,
Kein Horizont, der ihm ein Ufer schenkt.

Wie ewig ist hier die Vergänglichkeit
Aus Wasser in Weite und Länglichkeit –
Das Meer überall und unendlich weit
Am Pole der Unzugänglichkeit.

Gern geschehen

Es sind keine großen Worte
Notwendig gewesen.
Strahlt ein Herz von deiner Sorte,
Kann ich Danken lesen.

Problemlösestrategie

Probleme sind en masse vor uns entblößt,
Sie anzupacken liegt uns aber nicht.
So manches Unheil gilt uns als gelöst,
Indem man kurz ironisch drüber spricht.

Weltgeschehen

"Was schaust du?", frug der Sohn, der grad
Zum Vater an den Sessel trat,
Der ernsten Blicks in Richtung Fernseher sah.
"Die Nachrichten." Da sprach das Kind:
"Ich weiß nicht richtig, was das sind."
"Sie zeigen uns, was in der Welt geschah."

"Und was geschah heut in der Welt?"
"Um sie ist's immer schlecht bestellt.
Was weiß denn ich? Nur Krise, Krankheit, Qualen."
"Warum verzichtest du dann nicht?"
"Für's Wetter und den Spielbericht
Und manchmal für die neuen Lottozahlen."

Herbstspaziergang

Asphalt mit Oktobersprenkeln,
Nasskalt in den Oberschenkeln,
Laute Haufen braunes Laub durchlaufen.
Kälte von der Nasenspitze
Fällt in eine Straßenpfütze
Und vom Dach rutscht Modder in die Traufen.

Adventsshopping

Da laufen Herrn
Und kaufen gern
Aus Schaufenstern
'Nen Schlaufenstern.

Alle, bitte, jetzt!

Im Pfundskerl, im Pfiffikus,
Im Pförtner, im Pfänder,
Im Pfarrer, im Pfuscher,
Im Pfannkuchenwender,
Im Pflanzer, im Pflücker,
Im Pflaumenzerdrücker,
Im Pflüger, im Pfleger,
Im Pfandflaschenjäger,
Im Pferdesportreiter,
Im Pfadfinderleiter

Soll fließen, was uns nimmt die größte Not,
Denn Leben retten ist kein Angebot.

Felsen möcht' ich sein

Felsen möcht' ich sein, ein Brocken,
Der nicht von der Stelle weicht.
Keine Regung zu entlocken,
Ich würd' tonnenschwer hier hocken,
Alles andre wär' dann leicht.

Der Flirtprofi

Merkst du, wie ich permanente
Konstruktive Komplimente
Mache mit dem Ziele der Verführung?
Das gelingt mir auf die Schnelle,
Weil ich eine feste Stelle
Innehab bei der Bezirzregierung.

In der Not

Wo sie keinen Eimer bot,
Ist die Stadt zu rügen!
Wichtig wär's, denn in der Not
Lässt der Teufel liegen.

Irreführend

WWWs Namenswahl
Täuschte komplett:
Öffentlich asozial
Statt intern nett.

Es kann nur Einen geben

Sollt' ich mich dazu verhalten,
Ob ich Einen oder Spalten
Besser find für das Zusammenleben,
Hat Vernunft mich stets bewogen
Zu dem altbekannten Slogan:
Tut mir leid, es kann nur Einen geben.

Vier aus Drucksvermögen.

Schriftlich, neu, gelockert parkt
Manches auf dem Büchermarkt,
Harrt mit prätentiöser Kraft
Dort geneigter Leserschaft.